Paul Gisi
**Flambeau – Notenschrift
aus einem Galaxienkern**
Triptychon
mystische Liebesgedichte

Bibliographische Information der Deutschen Nationalbibliothek. Die Deutsche Nationalbibliothek verzeichnet diese Publikation in der deutschen Nationalbibliographie, detaillierte bibliographische Daten sind im Internet über http://dnb.dnb.de abrufbar.

© 2023 Autor: Paul Gisi, op. 139
Umschlagbild Ludwig Weibel
Herstellung und Verlag:
BoD – Books on Demand, Norderstedt
ISBN 9783757830656

Paul Gisi

Flambeau – Notenschrift aus einem Galaxienkern

Triptychon
mystische Liebesgedichte

Inhalt

I   Luftwurzeln 5

II   Zwerggalaxien 17

III   Flambeau 49

Aus einem Brief an einen Freund 61

• • •

Flambeau:

- Kleine Flamme
- Eine Fackel
- Ein mehrarmiger Leuchter auf hohem Fuss
- Flammenübertragungen
- Aufflammungen in den Harmonien des Seins
- Kommt vom Altfranzösischen *«flambe»*
- In meiner Mystik meint *«flambe»* auch das Universum

I
Luftwurzeln

Unergründlich nah
der Südwind die Saturnmonde
der Gesang der Teichrose

·

In Sturzbächen singen
sehen
was hinter der Täuschung liegt

•

Die Menschheit
ein Ulkus
eine schlecht heilende Wunde
in der Evolution

•

MIT DIR
DEM VERHÄNGNIS
    DES LEBENS
        ENTRINNEN
INS LEBEN HINEIN

   •

Tränen der Kaskadenfrösche
des Blutmohns der Verzweiflung

•

Flussstimme
in der ich münde
in deinen Mund

AUGINAUGTRINKEND

•

Deine Stimme
ein Sturmwind

weltallumflechtende Finger
auf dem Körper

.

Ich suche
astronomische Formeln
     um mit deiner Zunge
     zu sprechen

ICH TREIBE LUFTWURZELN
IN DEINEN ATEM HINEIN

    •

Den Erzählungen des Winds lauschen

Saite
des Horizonts sein

BILD KLANG DUFT werden
Himmelskörper Geist

sich in die Mitte der Welt
fallen lassen

•

Anbetend
Asselspinner Supernoven
in lustfiebriger Nacht

LIPPENAUFLIPPEN
wenn wir uns
verlieren

•

II
Zwerggalaxien

Weltgeist faltet sich aus
in Einsiedlerrosen

    Irrwinde
    in verlornen Herzen

Nachtstaub auf den Lippen

LUSTVERSUNKEN
ANBETEND

    •

Schöpfungsgeschichte
aufglühend durch dich

auf der Zunge schmecken
das Licht
deinen Körper
das Salz des Universums

vertraut werden
in den Gegensätzen

BRENNEN   LIEBEN

•

Ich höre
        staubirr
    die Argumente der Täuschung

sehe die undeutbaren Zeichen
des Libellenflugs

    •

Ich lehre dich
Feuer auf den Lippen
das Vergessen

•

Deine schmale Hüfte
eine Alge

Feuerwürmer singen
Psalmen
in der Anbetung des Seins

.

Nacktinnacktstürzen
in der Ekstase
BRENNEN GLÜHEN
auf deinen Lippen

•

Schwerelos
die Nachtschattengewächse
des Universums
zuneigend die ZUNGENBLÜTEN
    DER LUST
    der Winde der Lichtstürze

atemloses nicht sagbares Ineinanderfallen
            im Traum
            im Erkennen
        in deinem Atem

        .

Wirbelirr
die Magellansche Wolke
im Schlaf

        liebeslustfingrig
    Spiralgalaxien
             auf dem Körper

DIE WIMPERN
EINE NOTENSCHRIFT

•

Gott aufgeben
für die Welt
     die Wandermuschel
     den Feuerfalter
für die Botschaft der Träume

ERWACHEN ERKENNEN

•

Seeanemonen und Wolken
tanzen
Fagotte wanken
wenn Riesenspinnen
durch Wäldern irrn
Planeten ruhn in deiner Hand

komm zu mir
zusammen ist es leichter
erinnerungslos zu sein

•

Lichttriller
        CHOR der Berge
        und Weizenfelder

ORATORIUM DER LIEBE

        Windpfeifen
    orgeln Anbetung
                mit Saturnmonden
                    und
        Engelwurz
    im Röhricht der Lust

    •

Ein Spiralnebel
taumelt
ins Herz der Flugbarbe

    der Sternatlas
        funkelt
   als Mandala

    •

Wie Igelwürmer SINGEN
anbeten
MITEINSTIMMEN
mit Fischen Vögeln
dem Quendelblättrigen Sandkraut

still werden
LIEBEN

·

Die Baldachinspinne
spannt ihr Fangnetz
zwischen Zwerggalaxien

IM LAGUNENNEBEL
VERLIEREN WIR UNS

•

Das Weltall tanzt
im Rausch der Schmetterlingsblüten
    der Glyzinie

du bleibst   e r k e n n b a r
in den Seenelkenfangarmen

LUSTIRR GLÜHEND

      •

Aus langer Nacht kommen
Berge Seen Lurche Menschen
zur Laudes
in die Apsis des Universums
in die Arme
eines verzweifelten Gottes
in den Schluchten der Liebe

.

Den Geist anbeten
den Flaum deines Körpers

die Himmelskarte betrachten
poésie pure

die Nacht lieben
wenn Liebe
in Umnachtung sinkt

•

In den Grenzenlosigkeiten
der Schuppenräuber der Seeadler
Glutasche werden

Weiterleben erfinden
IN DER UMARMUNG

•

Die Seeschlange *Gott*
hat sich längst verirrt
in den Riffen des Weltalls
im Leiden des Menschen

•

Protuberanzen der Lust
Brandungsgeröll des Traums

     den Wind
         die Mandoline
       spielen lassen

Ausschau halten
nach dem GEIST DES SEINS

      •

Mit dir
VAGABUND GOTT
Wein trinken
        über Lippen segeln

        •

Das Weltall eine Raupe
in deiner Hand

   die Sonne ein Achat
   an deinem Finger

      im Lindenbaumschatten
   liegen wir nackt
KÖRPERUMKÖRPERUMTAUMELT

   •

Mirabellen Flusswelse Rochen
Hundsveilchen Vogelwicken
Windhosen Belcantoopern
hat der alte Dichter
unter seinem Hut

•

SCHWERELOS WERDEN
WELT ANBETEN

•

Fern
nicht erinnerbar
die nachsichtige Schönheit
der Leere

•

Saturnringe
in deinen Augen

aschige Hoffnung

.

Wimpernverirrungen
im Staub

wie Prophetenstimmen
schwirren Fledermäuse
um den Leuchtturm

FLAMMENSTAUB
deine Augen

das Quartett
von vierhundert Lichtjahren
        neigt sich
                anbetend
                vor dir

        •

Deine Ohrmuschel
ein schwarzes Loch

ich bin Astronom
deines Körpers

ELYSIUM UND INFERNO
IM KERN

•

Milchstrassen Lianen
Schlammfische Elfenblauvögel
Vulkankrater etruskische Tempel
Maiskolben Windklänge

ICH BETE AN
WAS IST

.

III
Flambeau

Im Auge des Gelben Tränenfalterfischs
vagabundiert der Herkuleshaufen
siebenhundert Millionen
Lichtjahre entfernt

so nah pulst Leben
LUSTVOLL VERGEISTIGT

•

Nacktes Feuer
deine Hand

•

Geist lieben
mit Schmetterlingsrochen
dem Geheimnis
mandolinenspielender Sterne

in Bruchstücken
ERKENNEN finden

•

Nach Leid Schmerz
Angst Verzweiflung
     Heidelbeertanz
     Vogellied
     Licht Lust
     Umarmungen
GESANG DER SCHÖPFUNG

das Universum
flambe
der Liebe

•

Saphirblau das Universum
                kieloben
       das Wrack GEIST

brennend
HOFFNUNG
                hinter
        den Täuschungen

in Traumblitzen z u   s a g e n
dass ich dich liebe

ins Schweigen stürzen
in den Verzauberungen
        Verwandlungen
        Verfremdungen
IN DIR

        •

In haltloser Nacht
auf Fingerbeeren tanzen
    in der Erinnerung
das Vogellied umarmen

dem Gesang der Schöpfung
lauschen

•

IRRLICHT
L I E B E

•

Deine Augen
Flammen
deine Lippen
eine Milchstrasse

    in Liebeslust
körperumkörpert
ineinandervertaumelt

  •

Im schmetterlingsblauen Himmel
Sanskritsilben
zu entziffern mir dir

das Weltall
schwingt sich aus
in dir

.

Das Schweigen
legt Zunge auf Zunge

so schön kann Leben sein

·

Aus einem Brief
an einen Freund

«Ich liebe Amun von Theben liebe Papyrus für meine Nachtnotate im Gesang der Cepheiden lache im Sonnenauge liebe den Zauberstab Phallus liebe den Tanz der Schildkröten trinke gern Wein und alten Brandy rauche mit Lust meine Catull`schen und Anaximandros`schen Pfeifen liebe die Worte Kohelets des Sohnes von David schreibe mystische Liebesgedichte.

Ich weine aus Freude *zu leben* Labyrinthfische Singdrosseln Sterne zu lieben das Glitzern des Sees zu erleben Mozart zu hören altägyptische Liebeslieder zu lesen mich ins Grenzenlose zu sehnen zu lachen.

Schönheit ist eine Dimension der Nacktheit eines menschlichen Körpers des Gesangs der Formen und Farben der Holunderbeeren der Erotik der Kathedralen des Firmaments des tanzenden Shiva einer Gesichtsvase aus Phaistos einer Katzenaugennatter einer erregenden weitausschwingenden Melodie und betörenden Harmonie. – Zu umarmen und umarmt zu werden! Mein Gott, warum bin ich so in die Schönheit, in die Liebe verliebt!

Mich erfüllt eine Sehnsucht nach dem Universum, Liebeslustekstase mit dem Atem des Seins, versunken in den Augen eines geliebten Menschen.

Mystik: Lusttaumel, Liebesekstase, Trunkenheit der Nacht!»

Paul Gisi

Paul Gisi, Lyriker, 1949 in Basel geboren, Primarlehrerpatent in Zug, ein paar Jahre Schulpraxis, mehrere Aufenthalte in Südfrankreich, verschiedene kurzzeitige Berufe, viele Jahre lang Korrektor.

Eine Vielzahl an Publikationen (weit über hundert), vorwiegend Lyrik, aber auch Kurzprosa, Sätze, Briefe. Lebt zurückgezogen in Rorschach am Bodensee.

Homepage: www.zackenbarsch.ch
E-Mail-Adresse: zackenbarsch.gisi@gmail.com

Mich erfüllt eine Sehnsucht nach dem Universum, Liebeslustekstase mit dem Atem des Seins, versunken in den Augen eines geliebten Menschen.